BEI GRIN MACHT SICH IHR WISSEN BEZAHLT

- Wir veröffentlichen Ihre Hausarbeit,
  Bachelor- und Masterarbeit

- Ihr eigenes eBook und Buch -
  weltweit in allen wichtigen Shops

- Verdienen Sie an jedem Verkauf

Jetzt bei www.GRIN.com hochladen
und kostenlos publizieren

Tim Fischer

John Locke: Versuch über den menschlichen Verstand

GRIN Verlag

Bibliografische Information der Deutschen Nationalbibliothek:

Die Deutsche Bibliothek verzeichnet diese Publikation in der Deutschen National-
bibliografie; detaillierte bibliografische Daten sind im Internet über http://dnb.d-
nb.de/ abrufbar.

Impressum:

Copyright © 2004 GRIN Verlag GmbH
Druck und Bindung: Books on Demand GmbH, Norderstedt Germany
ISBN: 978-3-638-95654-3

Dieses Buch bei GRIN:

http://www.grin.com/de/e-book/26586/john-locke-versuch-ueber-den-menschlichen-
verstand

GRIN - Your knowledge has value

Der GRIN Verlag publiziert seit 1998 wissenschaftliche Arbeiten von Studenten, Hochschullehrern und anderen Akademikern als eBook und gedrucktes Buch. Die Verlagswebsite www.grin.com ist die ideale Plattform zur Veröffentlichung von Hausarbeiten, Abschlussarbeiten, wissenschaftlichen Aufsätzen, Dissertationen und Fachbüchern.

Besuchen Sie uns im Internet:

http://www.grin.com/

http://www.facebook.com/grincom

http://www.twitter.com/grin_com

Universität Hannover   Tim Fischer
Philosophisches Seminar

Studienfächer: Germanistik/Philosophie

John Locke: An Essay Concerning Human Understanding   2. Semester

John Locke: Versuch über den menschlichen Verstand
Buch III: Von den Wörtern

Inhaltsverzeichnis

I. Kapitel: Über die Partikel

- Außer den Wörtern, die die Namen der im Geist vorhandenen Ideen sind, gibt es noch solche, die eine *Verbindung* zwischen den einzelnen Ideen oder Sätzen herstellen. Diese Wörter, mit denen man eine zusammenhängende Rede herstellen kann, bezeichnet man als *Partikeln.* „Auf ihrer richtigen Verwendung beruht eigentlich die Klarheit und Schönheit eines guten Stils."[1]

- **Partikel:**[2] unveränderliches Redeteilchen - Füllwort, Funktionswort, Formwort. Sammelbezeichnung für nichtflektierende, nicht satzgliedfähige Wortklassen, die keine (oder wenig) selbstständige lexikalische Bedeutung aufweisen, aber die Bedeutung ihrer jeweiligen Bezugselemente modifizieren. Sie sind in der Regel nicht allein verschiebbar (d.h. auch nicht vorfeldfähig). Es wird unterschieden zwischen: Gradpartikeln (*nur, sogar*), Modalpartikeln (*ja, freilich, allerdings*), Negationspartikeln (*kein, nicht*), Antwortpartikeln (*ja, nein*), Steigerungspartikeln (*sehr, außerordentlich*) und Vergleichspartikeln (*wie, als*).

- Mit Hilfe der Partikeln kann man also zeigen, welche Verknüpfung, Einschränkung, Unterscheidung, Gegenüberstellung, Hervorhebung usw. man jedem einzelnen Teil seiner Rede geben will. Somit haben auch diese Wörter, die an sich keine Namen für irgendwelche Ideen sind, eine unentbehrliche und tragende Funktion im Gebrauch der Sprache.

- Die Partikeln zeigen, welche Beziehung der Geist seinen eigenen Gedanken gibt. Sie sind „Zeichen irgendeiner Tätigkeit oder Andeutung des Geistes"[3].

- Manchmal weisen Partikeln verschiedene und entgegengesetzte Bedeutungen auf. Die englische Partikel *but* z.B. kann im Sinne von „jedoch", „nur", „aber", „sondern" und „nun aber" verwendet werden.

- Auch können Partikeln den Sinn eines ganzen Satzes enthalten.

---

[1] LOCKE, JOHN: S. 94.
[2] Vgl. BUSSMANN, HADUMOD (HRSG.): S. 498 f.
[3] LOCKE, JOHN: S. 96.

II. Kapitel: Über abstrakte und konkrete Ausdrücke

- Der Geist besitzt die Kraft seine Ideen zu abstrahieren. Jede abstrakte Idee ist eine Wesenheit und besonders bestimmt, so dass von zwei Ideen „niemals die eine die andere sein kann"[4]. Der Geist nimmt durch seine *intuitive Erkenntnis* einen Unterschied wahr.

- Abstrakte Ausdrücke können einander also nicht als Prädikate beigelegt werden. Daher sind z.B. folgende Sätze nicht richtig: *Menschtum ist Animalität* oder *Menschtum ist Vernünftigkeit*.

- Wir können also nur Sätze bejahen, in denen eine abstrakte Idee mit einer anderen verknüpft ist, wie z.B. bei: *Der Mensch ist ein animalisches Wesen und vernunftbegabt*.

- Die Verschiedenheit der Namen lässt uns die Ungleichartigkeit unserer Ideen erkennen. Unsere Ideen haben sämtlich sowohl *abstrakte* als auch *konkrete* Namen. Die konkreten Namen sind meist Substantive, die die unter den Menschen herrschenden Beziehungen bezeichnen (z.B. *Vaterschaft, Vater*). Sie sind also *Ideen der Relation*.

- Abstrakte Ausdrücke (z.B. Adjektive wie *süß, weiß* oder *vernunftbegabt*) sind dagegen *Ideen der Modi*.

III. Kapitel: Über die Unvollkommenheit der Wörter

- Wir verwenden Wörter, um uns unsere Gedanken aufzuzeichnen (zur Unterstützung unseres Gedächtnisses) und um sie anderen mitzuteilen.

---

[4] Ebd. S. 98.

- Da die Wörter willkürliche und neutrale Zeichen irgendwelcher Ideen sind, kann der Mensch beliebige Wörter verwenden, um für sich selbst Ideen zu bezeichnen. Er muss nur ständig dasselbe Zeichen für dieselbe Idee verwenden.
- Bei der Mitteilung durch Wörter gibt es eine doppelte Verwendung, eine *bürgerliche* und eine *philosophische*. Die Verwendung der Wörter für bürgerliche Zwecke erfolgt beim „gewöhnlichen mündlichen Verkehr und Meinungsaustausch über die täglichen Angelegenheiten und Erfordernisse des bürgerlichen Lebens"[5], die philosophische Verwendung dient dazu „die genauen Begriffe von den Dingen zu vermitteln und in allgemeinen Sätzen sichere und zweifellose Wahrheiten auszudrücken"[6].
- Die *Unvollkommenheit* der Wörter besteht in der häufigen Zweideutigkeit ihrer Bedeutung. Wörter vertreten also oft verschiedene Ideen.
- Die Bedeutung der Wörter muss erlernt und festgehalten werden. Da sie willkürlich ist, stimmen Bedeutung des Wortes und die tatsächliche Wesenheit des Dinges nicht immer genau überein.
- Viele Namen der *gemischten Modi* (wie z.B. *Verpflichtung* oder *Lüge*) neigen „zu einer großen Unsicherheit und Dunkelheit in der Bedeutung"[7]. Dies ist zum einen in der Komplexität der Ideen begründet. So haben viele *moralische Begriffe* bei verschiedenen Menschen selten genau dieselbe Bedeutung.
- Auch haben die Namen der gemischten Modi in der Natur meist keinen Maßstab, an dem man sich orientieren könnte.
- Es gibt kaum einen Namen für eine komplexe Idee, „der nicht im geltenden Sprachgebrauch ein weites Gebiet umfaßte"[8]. Demnach unterliegen sehr komplexe Ideen (wie z.B. *Ruhm* oder *Dankbarkeit*) ihrer Natur nach der Unvollkommenheit.
- Auch die Art, wie die Namen der gemischten Modi erlernt werden, trägt zu ihrer Mehrdeutigkeit und Zweifelhaftigkeit bei. Um Kindern einfache Ideen oder

---

[5] Ebd. S. 101.
[6] Ebd. S. 101.
[7] Ebd. S. 103.
[8] Ebd. S. 105.

4

Substanzen begreiflich zu machen, zeigt man auf ein Ding und wiederholt dann den Namen, der das Ding bezeichnet (z.B. *weiß, süß, Milch, Hund, Katze*). Bei gemischten Modi, und speziell bei den *moralischen Begriffen*, werden aber gewöhnlich zunächst die Laute erlernt und die Bedeutung erschließt sich dann meist erst aus eigenen Beobachtungen und der eigenen Lernbegierde.

- Die Namen für *Substanzen* haben eine zweifelhafte Bedeutung. Man verwendet sie um vermeintlich die *reale Beschaffenheit der Dinge* auszudrücken. Diese *Wesenheit* ist jedoch häufig völlig unbekannt und auch unerkennbar. Auch beziehen sich Substanznamen oft auf *zusammen existierende Qualitäten*, die aber nur unvollständig bekannt sind. „Denn, wie schon erwähnt, stellen verschiedene Leute verschiedene Eigenschaften an derselben Substanz fest; und ich glaube sagen zu dürfen, daß kein Mensch alle Eigenschaften wahrnimmt."[9]

- Am wenigsten zweifelhaft sind die Namen der *einfachen Ideen* (z.B. *süß, gelb, bitter*). Sie beruhen auf einer einzelnen Wahrnehmung und sind daher leichter zu erlangen und klarer festzuhalten als die komplexeren.

- Viele Streitigkeiten und Irrtümer gehen also auf Kosten der Wörter und ihrer unsicheren oder missverstandenen Bedeutung.

IV. Kapitel: Über den Mißbrauch der Wörter

- Durch absichtliche Fehler oder Nachlässigkeiten werden Wörter „missbraucht".
Es gibt folgende **Arten des Missbrauchs:**

- **Erstens:** Es gibt Wörter, die verwendet werden ohne eine klare Idee oder Bedeutung zu vertreten: Zum einen *inhaltlose Ausdrücke*, die u.a. verwendet werden um widersprüchliche Hypothesen zu verdecken oder Irrtümer zu

---

[9] Ebd. S. 114 f.

verbergen, und zum anderen Ausdrücke, die anfangs mit einer Idee verbunden waren, nun aber ohne feste oder konkrete Bedeutung beliebig verwendet werden (z.B. *Weisheit, Herrlichkeit* oder *Gnade*). Der Grund hierfür besteht darin, dass die Menschen oft Namen erlernen, bevor sie die Ideen besitzen, die zu diesen Namen gehören.

- **Zweitens:** Ein weiterer Missbrauch der Wörter entsteht durch die *Unbeständigkeit* bei ihrem Gebrauch, da dieselben Wörter oft für verschiedene Ideen verwendet werden.

- **Drittens:** Auch werden oft alte Wörter in einer neuen, ungebräuchlichen Bedeutung verwendet, oder es werden mehrdeutige Ausdrücke eingeführt ohne sie genau zu definieren. Nach Locke ermöglicht dies, die „Unwissenheit durch ein absonderliches und unauflösbares Gewirr unklarer Wörter zu verdecken und sich durch unverständliche Ausdrücke die Bewunderung anderer zu erwerben"[10]. Dieser Missbrauch der Wörter zerstört ihre Funktion als Instrument zur Erkenntnis und zur Mitteilung.

- **Viertens:** Ein weiterer gravierender Missbrauch besteht darin, dass man die Wörter oft für die Dinge selbst ansieht und nicht nur als deren Zeichen. Dies trifft besonders auf die Substanznamen zu.

- **Fünftens:** Auch werden Wörter häufig für Dinge eingesetzt, die sie gar nicht bezeichnen können. Die Wesenheit des Menschen z.B. kann nicht vollends durch die Wörter *vernunft-begabtes animalisches Wesen* ausgedrückt werden. „Nun ist es offensichtlich völlig verkehrt und unsinnig, unsere Namen für Ideen zu verwenden, die wir nicht besitzen, oder (was das gleiche ist) für Wesenheiten, die wir nicht kennen, weil das darauf hinausläuft, die Wörter zu Zeichen von nichts zu machen."[11] Wörter können demnach also nicht für reale Wesenheiten von Substanzen eingesetzt werden.

- **Sechstens:** Viele gehen von der falschen Annahme aus, dass die Wörter, die sie gebrauchen, eine feste und offenkundige Bedeutung besitzen, die andere

---

[10] Ebd. S. 125.
[11] Ebd. S. 135 f.

unmöglich missverstehen können. „Darum geben sie sich nie die Mühe, ihre eigene Meinung zu erläutern oder die Meinung anderer deutlich zu verstehen."[12] Das Wort *Leben* z.B. hat nicht immer eine klare, deutliche und feststehende Idee.

- **Siebentens:** Die Sprache wird oft durch eine bildliche Ausdrucksweise missbraucht, die bei Erörterungen sehr häufig dem Zweck dient „falsche Ideen unbemerkt einzuführen, die Leidenschaft zu erregen und dadurch das Urteil irrezuleiten"[13].

- Die *Aufgaben und Zwecke der Sprache* sind die Gedanken oder Ideen des einen dem anderen bekannt zu geben, dies so leicht und schnell wie möglich zu tun und dadurch die Erkenntnis der Dinge zu vermitteln. Die **Wörter verfehlen ihren Zweck**, wie bereits aufgezeigt, jedoch dann:

1. wenn sie ohne Ideen gebraucht werden

2. wenn komplexe Ideen vorhanden, aber keine Namen mit ihnen verknüpft sind

3. wenn dasselbe Zeichen nicht immer für dieselbe Idee gesetzt wird

4. wenn die Wörter ihrem gewöhnlichen Gebrauch entfremdet werden

5. wenn sie Namen von phantastischen Einbildungen sind

V. Kapitel: Über die Mittel gegen die geschilderten Unvollkommenheiten und die mißbräuchliche Verwendung der Wörter

- Um den erwähnten Mängeln und Unvollkommenheiten der Sprache vorzubeugen, führt Locke folgende Mittel an:

---

[12] Ebd. S. 137.
[13] Ebd. S. 144.

7

- **Erstes Mittel:** Man verwende kein Wort ohne Bedeutung und keine Namen, ohne dass eine Idee damit verknüpft ist.
- **Zweites Mittel:** Man verknüpfe deutliche und bestimmte Ideen mit den Wörtern. Dies gilt besonders bei den gemischten Modi. Zudem sollten die Namen von Substanzen den Dingen, wie sie wirklich existieren, entsprechen und genau auf sie zutreffen.
- **Drittes Mittel:** Man wende die Wörter auf jene Ideen an, mit denen sie der herrschende Sprachgebrauch verknüpft hat. Eine korrekte Ausdrucksweise verschafft unseren Gedanken somit am leichtesten und wirksamsten Eintritt in den Geist eines anderen Menschen. „Die korrekte Bedeutung und Verwendung der Ausdrücke lernt man am besten von denen, aus deren Schriften und Reden hervorgeht, daß sie die klarsten Begriffe gehabt und ihre Ausdrücke am sorgfältigsten und treffendsten darauf angewendet haben."[14]
- **Viertes Mittel:** Man erkläre die Bedeutung, in der man die Wörter gebraucht. Bei einfachen Ideen kann man die Bedeutung durch synonyme Ausdrücke oder durch Anführen von Beispielen erläutern. Bei gemischten Modi und speziell bei Begriffen der Moral, die eine Verbindungen von Ideen darstellen, muss die Bedeutung durch eine Definition festgelegt werden, da man die Idee nicht praktisch demonstrieren kann. Die Bedeutung von Substanznamen muss sowohl durch Demonstrieren als auch durch Definieren erklärt werden. Die Ideen der Hauptqualitäten von Substanzen werden am besten durch Demonstration gewonnen, die Ideen der Kräfte der Substanzen (wie z.B. *Dehnbarkeit* oder *Lösbarkeit*) am besten durch Definition.
- **Fünftes Mittel:** Man verwende dieselben Wörter immer in demselben Sinne. Werden die Wörter nicht so gebraucht, so muss die Abweichung erklärt werden.

---

[14] Ebd. S. 152.

Literatur:

BUSSMANN, HADUMOD (HRSG.): Lexikon der Sprachwissenschaft. Dritte, aktualisierte und erweiterte Auflage. Stuttgart: Alfred Kröner Verlag 2002.

LOCKE, JOHN: Versuch über den menschlichen Verstand. In vier Büchern. Band II: Buch III und IV. Unveränderter Nachdruck mit ergänzter Bibliographie. Hamburg: Felix Meiner Verlag 1988. (Philosophische Bibliothek Band 76)

John Lockes Unterteilung der Ideen

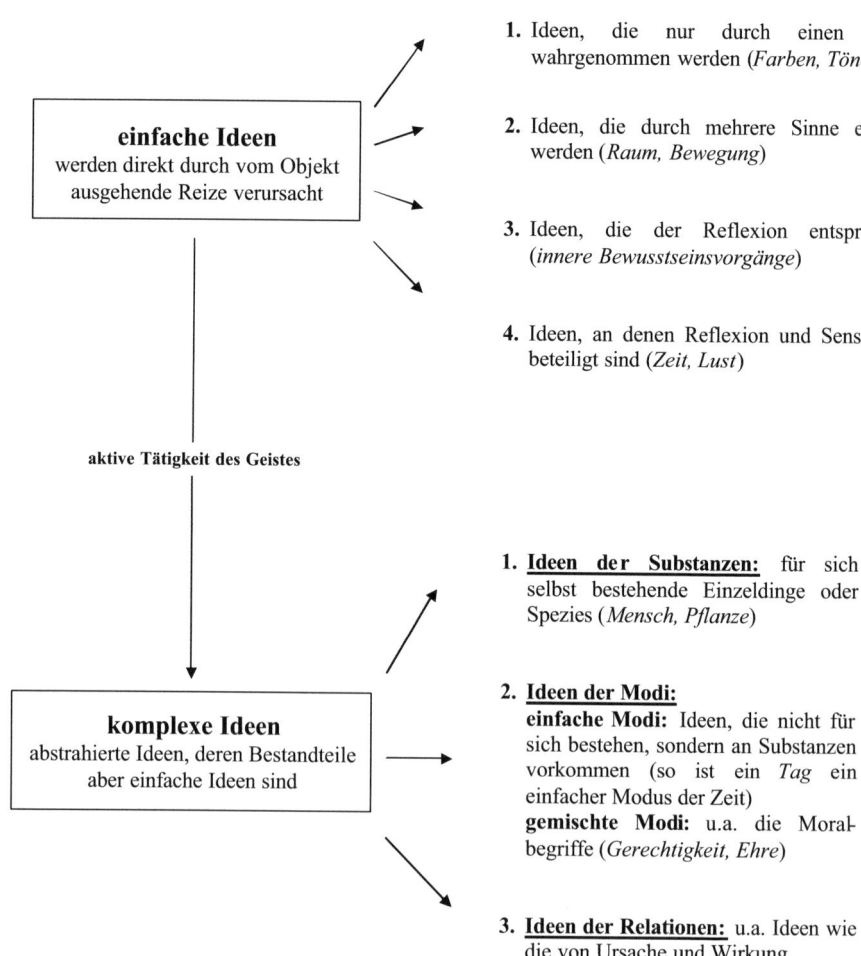

einfache Ideen
werden direkt durch vom Objekt
ausgehende Reize verursacht

1. Ideen, die nur durch einen S
   wahrgenommen werden (*Farben, Töne*)

2. Ideen, die durch mehrere Sinne erf
   werden (*Raum, Bewegung*)

3. Ideen, die der Reflexion entsprin
   (*innere Bewusstseinsvorgänge*)

4. Ideen, an denen Reflexion und Sensat
   beteiligt sind (*Zeit, Lust*)

aktive Tätigkeit des Geistes

komplexe Ideen
abstrahierte Ideen, deren Bestandteile
aber einfache Ideen sind

1. **Ideen der Substanzen:** für sich
   selbst bestehende Einzeldinge oder
   Spezies (*Mensch, Pflanze*)

2. **Ideen der Modi:**
   einfache Modi: Ideen, die nicht für
   sich bestehen, sondern an Substanzen
   vorkommen (so ist ein *Tag* ein
   einfacher Modus der Zeit)
   gemischte Modi: u.a. die Moral-
   begriffe (*Gerechtigkeit, Ehre*)

3. **Ideen der Relationen:** u.a. Ideen wie
   die von Ursache und Wirkung

erstellt in Anlehnung an:
KUNZMANN, PETER / BURKARD, FRANZ-PETER / WIEDMANN, FRANZ: dtv-Atlas Philosophie. 11., aktualisierte Aufl
München: Deutscher Taschenbuch Verlag 2003.